História de Animais...
e outras coisas mais

Obra Mediúnica do Grupo Espiritual
Eterno Alento
Médium:
Áurea Luz

História de Animais...
e outras coisas mais

© 2001, Madras Editora Ltda.

Editor:
Wagner Veneziani Costa

Produção e Capa:
Equipe Técnica Madras

Ilutrações Internas:
Mário Granzzoto

Revisão:
Isabel Ribeiro
Wilson Ryoji

ISBN 85-7374-459-6

Proibida a reprodução total ou parcial desta obra, de qualquer forma ou por qualquer meio eletrônico, mecânico, inclusive por meio de processos xerográficos, sem a permissão expressa do editor (Lei nº 9.610, de 19.2.98).

Todos os direitos desta edição reservados pela

MADRAS EDITORA LTDA.
Rua Paulo Gonçalves, 88 — Santana
02403-020 — São Paulo — SP
Caixa Postal 12299 — CEP 02013-970 — SP
Tel.: (0_ _11) 6959.1127 — Fax: (0_ _11) 6959.3090
www.madras.com.br

ÍNDICE

Prólogo 7
Capítulo 1 9
Capítulo 2 16
Capítulo 3 25
Capítulo 4 34
Capítulo 5 41
Capítulo 6 46
Capítulo 7 51

Prólogo

Na época em que os animais falavam e os objetos tinham vida própria, conviviam eles em perfeita harmonia e contam-se, sobre eles, histórias que os homens chamaram de fábulas.

Alguns desses homens puderam conviver com os seres que povoavam a Terra, e ouviram deles os ensinamentos, dos quais construíram suas histórias.

O tempo passou, e as criaturas da Terra, porque perderam a pureza e a sensibilidade d'alma, deixaram de ouvir o que os animais falavam.

Eles passaram então a viver a sua própria vidinha e se esqueceram dos homens.

As plantas e as coisas que compõem a grande vivência da Terra também se calaram, à espera do momento...

Estamos agora reunidos numa imensa floresta, observando seus animais, resgatando fábulas. Vamos tirar de seus ensinamentos as realidades das situações que podem trazer verdades à vivência dos homens também. E por que não? Quem foi que disse que nos cabe apenas ensinar, no que diz respeito aos animais? Vejamos o quanto temos também a aprender.

CAPÍTULO 1

Nossa primeira história começa como todas as outras.
Era uma vez...
A grande família dos coelhos brancos caminhava como todas as manhãs em busca de alimentos.
Saltitando à procura de vegetação, atropelando-se uns aos outros, num constante desejo de aproximar-se primeiro do caminho desejado.
Papai coelho ia à frente, garboso como ele só, sabendo de sua responsabilidade perante os demais:
— Cuidado, coelhinhos — disse ele preocupado —, não se afastem do caminho. Seguir por atalhos é muito perigoso, não sabemos onde podem nos levar...Temos velocidade, mas o lobo nos alcança. Somos frágeis, e basta uma só de suas patadas para que tombemos sem vida. Cuidado, pois!
Pepi ia bem próximo ao pai, parecia um novelo de algodão macio, seus olhos eram dois botões vermelhos que espiavam a todos com muita rapidez.
Por mais que quisesse, não conseguia afastar seus olhinhos dos atalhos proibidos, e uma vontade cada vez maior de segui-los enchia seus pensamentos enquanto caminhava.

À noite, quando voltava para sua toca, passava horas sem fim espiando as estrelas pelo buraco desenhado no céu e querendo muito partir para conhecer outros rumos. A idéia havia crescido em sua cabeça e ele não podia mais controlar.

Assim, naquele dia não hesitou. Enquanto o pai estava preocupado em conseguir alimentos para a imensa família, ele tratou de afastar-se um pouco. Misturou-se com os irmãos e, quando menos esperava, estava seguindo por um dos atalhos do caminho.

As moitas que orlavam suas margens o protegeram enquanto a família seguia ao longe, perdendo-se de vista.

Sentiu um friozinho na barriga peluda. Pepi estava com medo. Mas, agora, mesmo que quisesse, não podia recuar. Era tarde demais!

Seguiu então pelo caminho novo que encontrara. Nele achou água, alimento e o perfume das flores. E, feliz novamente, achou que fizera o certo.

Mas, a noite sempre sucede o dia. E o nosso amiguinho havia se esquecido disso. Por isso, quando anoiteceu e o véu da noite colheu de cheio a floresta, ele outra vez teve medo, muito medo.

Agora podia olhar todas as estrelas desenhadas no céu, mas estava sem a proteção de sua toca. Sentia frio e não tinha o pêlo de seus irmãos para aquecê-lo e o pai para dar-lhe proteção.

Procurou o abrigo de uma moita e, cansado, já se dispunha a repousar, quando sentiu um cheiro muito forte, e uma figura negra, de dentes alvos e olhar malévolo, fez-se visível à luz das estrelas.

Pepi fechou os olhos e começou a chorar e a chamar, sem conseguir mover-se:

— Socorra-me, senhor das florestas, não quero partir ainda para o campo dos sonhos, onde moram meus avós e minha mãe. Perdoe-me por ter fugido, perdoe-me.

— Estou escutando o que dizes — respondeu uma voz cavernosa, bem próxima dele. Não estou faminto agora. Tens sorte. Façamos um acordo. Se conseguires correr sem que eu te alcance, salvarei tua vida e poderás ir em paz.

As pernas do coelhinho estavam presas à terra, mas ele reuniu as últimas forças que tinha e desandou a correr.

O lobo corria em seu encalço, mas graças ao almoço farto não conseguia alcançá-lo.

Aconteceu que, quanto mais corria, mais Pepi se perdia no emaranhado das plantas da floresta; e desesperou-se.

Um grande cansaço o invadiu e ele caiu ao solo, extenuado, pronto para morrer devorado pela fera.

Acordou sobressaltado, acreditando já estar na barriga do lobo, e qual não foi sua surpresa ao notar o bigode familiar de seu pai a fazer-lhe cócegas na ponta do nariz em movimento.

— E então, filho, não te disse que se exagerasses no jantar terias pesadelo à noite? Cuida para que isso não mais te aconteça.

— Pai — perguntou Pepi bastante curioso —, já tivestes um sonho que parecia realidade?

— Sim, filho, muitas vezes, principalmente quando vou fazer alguma coisa que me pode trazer dificuldades e dissabores. O nosso amigo guardião, que cuida de

nossos passos, mostra, por meio do sonho, o que poderia acontecer se nos perdêssemos em caminhos tortuosos, que só nos levam ao sofrimento, pelas atitudes impensadas.

Pepi contou ao pai o que vinha pensando e o sonho que tivera. E ele continuou lhe dizendo:

— Meu filho, sei que amas a liberdade e que gostarias de viajar para conhecer outros lugares da floresta. Mas lembra-te que a liberdade não se ganha apenas por seguir sozinho por caminhos desconhecidos. Ela está em nosso coração. E, à medida que partilhamos e dividimos o que temos, com amor, conquistamos a verdadeira liberdade.

Os olhinhos de Pepi voltaram a iluminar-se e ele disse ao pai:

— De hoje em diante seguirei ao teu lado e te auxiliarei sempre. Como é bom entender que a felicidade está ao teu lado e ao de meus irmãos.

Naquela manhã, ele foi o primeiro a caminhar contente no rumo do dia, na busca de alimentos para todos e não se descuidou, nem por um momento, para lançar olhares de inquietação pelos atalhos que passava, onde morava o perigo.

E quando o tempo rareou, deixou menos espessa sua roupagem branca e seus olhos não eram mais tão brilhantes, ele ainda contava aos seus descendentes o sonho que tivera, agradecendo ao seu pai por ter-lhe ensinado o verdadeiro sentido da vida e da liberdade.

Lição da História

Liberdade é morada no coração dos que alçam vôo, com o pensamento voltado para o bem do grupo em que vivem.

Anoiteceu e amanheceu tantas vezes sobre a floresta, a neve cobriu toda a vegetação e uma nova história aconteceu.

CAPÍTULO 2

A neve havia coberto toda a terra durante o período que se fez presente entre a chegada da nova estação e o tempo que decorreu da partida dos animais para os pastos mais férteis.

Os pássaros haviam voado em bandos para lugares mais quentes, bem antes da neve cobrir, com o branco de suas geleiras, o verde das paisagens salpicadas de matizes diversos que enfeitavam a natureza há séculos.

O Sol adormeceu no firmamento, tal qual o urso no aconchego de sua caverna.

A pequena corsa caminhava com dificuldade, por entre a neblina gelada que se formava. Tinha consciência que, se parasse, morreria, e por isso seguia enfrentando a chuva fina que caía sem cessar.

Caminhava afundando as patas na neve gelada, orelhas atentas a qualquer ruído ou cheiro, sabendo que um leve descuido poderia lhe ser fatal.

Não tinha mais muito caminho a percorrer e poucos lugares para se esconder dos animais mais fortes que ainda circulavam por ali, ou touceiras para se abrigar e proteger do frio intenso que fazia.

Desde muito sua manada havia partido para prados distantes, onde o inverno era mais ameno e o alimento demorava a rarear.

Ela, frágil e desamparada, ficara. Por quê?

Pensou então como tudo acontecera tão rápido.

Seguia entre os seus, pulando ágil as pedras, circundando as touceiras, num eterno baile de saltos e danças, dos elegantes e garbosos habitantes da floresta.

— Pequena Frizi, não se afaste de nós, mas caminhe atenta, pois vamos todos para o mesmo sentido e devemos harmonizar nossos passos — diziam os que seguiam ao seu lado.

Leri, o pequeno gamo, seguia emparelhado com ela, mas, pouco atento, tentava saborear alguns ramos dos arbustos por onde passavam.

— Acelere, Leri. Acelere. Deixe para mastigar os galhos e ramos quando chegarmos ao nosso destino — dizia Frizi a ele.

Mas Leri não estava preocupado com os que iam atrás de si ou com os que seguiam na frente. Estava preocupado consigo mesmo. E até zangou-se com Frizi pela lembrança.

Numa dessas paradas para arrancar o ramo fraco que crescia, foi empurrado pelo grupo que o precedia.

Sua pata enroscou numa das pedras que circundavam a gramínea verde e ele sentiu que se ferira e não mais podia seguir com o grupo.

Frizi percebeu o que acontecia com o amigo e gritou aflita pedindo ajuda. Mas o grupo estava apressado demais e seguiu adiante, sem se preocupar com o problema do gamo desobediente. Precisavam chegar aos limites da floresta antes que a neve começasse a cair e o frio intenso dificultasse a sua caminhada.

Frizi tinha que agir rapidamente e tomar uma atitude definitiva. Se ficassem, não teriam condições de sobreviver sem a proteção do grupo e o alimento que a natureza estava acostumada a oferecer, mas que seria coberto pela neve do inverno.

Teve impulsos de seguir, mas ao ver o amigo tentando manter-se em pé, sem qualquer chance de conseguir, resolveu ficar e disse-lhe, sem muita convicção:

— Vou ficar ao teu lado, Leri, e ajudar a tua recuperação. Assim que você estiver podendo caminhar, mesmo que lentamente, iremos juntos em busca dos prados dourados.

E os dias foram se passando. E Frizi aproveitou esse tempo para cuidar de Leri. Procurava alimento, reunia folhas secas para que ele pudesse se aconchegar. Mas com os dias passando, foi aumentando a sua ansiedade e veio a certeza de que, se ele não se recuperasse com rapidez, dificilmente chegariam aos prados verdejantes em tempo de fugir da neve.

Viu quando os pássaros passaram e os chamaram.

— Frizi, é preciso se apressar, amiguinha. Daqui do alto já podemos ver o vento forte balouçando as árvores além, e as nuvens pesadas que se aproximam anunciam o inverno — assim diziam os pássaros. E continuavam:

— Leri, tente levantar-se e caminhar. Voamos também para os prados e já estamos atrasados. Poucos ficaram. Vocês estão expostos à fúria dos animais ferozes que se retardaram para partir.

Mas Leri não podia se erguer, e foi ficando.

— Parta você, Frizi, não é justo que se sacrifique por mim, que tão infantilmente feri minha pata e não posso caminhar. Parta enquanto é tempo.

E ela realmente pensava em ir, mas acabou ficando.

Decidia, a cada novo dia que nascia, que realmente partiria, mas ficava. Aprontava-se para partir, dava alguns passos e retrocedia em direção ao amigo.

E o inverno chegou, as chuvas antecederam a neve, que antecedeu o frio, que antecedeu a nevasca, que destruiu as plantas, secou os galhos e queimou os ramos.

Por isso, naquela manhã, andava Frizi afundando as patas na neve em busca de algum alimento. Tinha fome, muita fome. Deixara Leri próximo a uma árvore de galhos retorcidos, mas sem nenhuma folha. Sua pata doente inchara muito, e ele, alquebrado, não via mais chance de seguir seus amigos.

Frizi partiu então em busca de alimento e dissera ao amigo:

— Sei que mais além existem árvores com ramos, eu os vi outro dia. Vou em busca deles. Nos alimentaremos e daremos um jeito de seguir adiante — dizia ela sem muita certeza.

E acabou, assim, afundando as patas frágeis na neve que a borrasca trouxera, esperando que algo acontecesse e mudasse aquela situação.

O frio e o cansaço a envolveram, e muitas vezes lhe parecia que via a manada correndo em sua direção, para buscá-la e levá-la a um lugar seguro e quente, onde pudesse se alimentar e se aquecer.

Foi numa dessas oportunidades que, levantando os olhos, notara algumas folhas ainda viçosas no alto de uma velha árvore.

Inicialmente acreditou estar sonhando, até que verificou tratar-se de uma realidade.

Reuniu as forças que ainda tinha e, sacudindo a árvore com a cabeça, viu rolar até seus pés algumas folhas. Recolheu-as todas e, levantando-as na boca, voltou para o ponto onde o amigo a esperava.

Espalhou as folhas no chão e disse a Leri, que pouco se movia:

— Alimenta-te, amigo. Logo adiante há uma árvore repleta destas folhas. Já me alimentei até fartar. Agora é a tua vez!

E Frizi ajudou o amigo a comer, sabendo que não havia mais folhas e que, para ela mesma, não mais haveria amanhã.

Depois aconchegou-se também no colchão de folhas secas, ao lado do amigo, e esperou que o sono da noite envolvesse seus corpos.

Acordou sobressaltada. O sol brilhava e um calor morno aquecia seu corpo. Não tinha mais fome e a neve havia desaparecido, dando lugar novamente à primavera.

Sentiu falta de Leri, mas notou que, ao longe, ele caminhava em direção aos outros animais da floresta. Sua pata já não mais estava ferida e ele voltara, com sua alegria e graça.

Frizi foi ao seu encontro e disse-lhe, então:

— Chegamos, Leri, finalmente chegamos ao bosque onde nossos companheiros passaram o inverno. Nem mesmo sei como fizemos, mas finalmente chegamos.

— Você foi a melhor amiga que já tive. Eu te agradeço pela ajuda. Tiveste mais atenção e compreensão comigo como jamais recebi de alguém em toda a vida. Obrigado por me amar.

Frizi, emocionada, caminhou leve e feliz em direção ao Sol que os iluminava, olhos pousados no infinito, fitando os pássaros de arribação que chegavam.

E nada soube do velho abutre que não seguiu com os companheiros e encontrou os corpos congelados de um jovem gamo e de uma pequena corsa, repousando na neve.

LIÇÃO DA HISTÓRIA

Quando praticamos o bem ao nosso amigo, sempre haverá tempo para a compreensão de que o amor nos envolverá com calor, nos campos da Terra ou nos campos espirituais, onde e quando estivermos...

E as flores cobriram os galhos e desabrocharam novamente na primavera, que sucedeu o inverno, e nova história aconteceu!

CAPÍTULO 3

Assim como o outono deu lugar ao inverno, também o frio desvaneceu-se, o Sol morno derreteu a neve e, logo, os ramos voltaram a verdejar e as flores coloriram a natureza de matizes vários que enfeitaram os jardins da Terra e do firmamento. Era novamente tempo de florescer.

Nos galhos das árvores próximas à clareira maior do bosque, pássaros alegres de diferentes tipos, cores e cantos faziam seus ninhos, recolhendo ligeiros a palha prateada dos raminhos secos que forravam o chão.

A paina suave abria-se em leque, como se oferecendo aos bicos afoitos que a recolhiam.

Muitas vezes, era até como se devessem ajuda à própria natureza, pois, embaladas pelo vento suave, eram apanhadas no ar pelos biquinhos entreabertos.

A senhora pardal sentara-se feliz à beira do ninho, à espera da dona coruja que viria visitá-la.

Seus ovinhos estavam prontos a romper e ela olhava apreensiva para o tronco escorregadio, temendo a serpente que por vezes já ameaçara seus filhinhos.

Mandara um telegrama pelo compadre beija-flor, que era carteiro, pedindo à comadre coruja que viesse visitá-la. Afinal, estava necessitando de um conselho. Que fazer? Que artimanha astuciosa poderia usar para afastá-la dali?

Já estava desanimando e desacreditando da amiga, quando finalmente, ao cair da noite, ela rompeu por trás do grande carvalho e pousou num ramo fino, um pouco acima do ninho onde a amiga se encontrava.

— Salve, salve, amiga coruja — disse a senhora pardal, mais animada. Pedi à comadre que viesse até aqui, embora o certo seria eu mesma ir à sua procura. Acontece que não posso deixar o lugar de vigilante dos meus filhos, nem por um só momento. Estão nasce-não-nasce, a casca está para se romper. E o que farei para alimentá-los? Dona cobra nos observa há vários dias e não descansará antes de transformar meus ovos em seu jantar.

— Foi então por isso que me chamou? Imaginei que estivesse sem comida, já que, lá do alto do meu carvalho, tenho observado que a senhora não mais saiu de casa. E por isso tomei a liberdade de trazer-lhe um pouco das minhas minhocas preferidas, para enfeitar o seu ninho e alimentar seus filhotes. Já tentou conversar com dona cobra e explicar-lhe a angústia que está sentindo? Afinal, é primavera. E provavelmente seus ovos também devem estar se preparando para beliscar e fazer nascer seus filhotes. Por isso se a amiga estava à espera de conselhos, eu lhe dou este: Procure dona cobra e converse com ela sobre suas apreensões. Ela também é mãe e entenderá!

A senhora pardal nada disse. Achou que a comadre coruja por certo tinha enlouquecido, então dera-lhe um conselho apressado, pois estava querendo ir para casa dormir, antes que a noite chegasse definitivamente e ela precisava ficar desperta para cuidar de sua vida.

Dona coruja era conceituada naquela clareira, ela sempre fora sensata e ponderada. Como pudera aconselhar tal coisa à amiga preocupada?

Apreensiva, mamãe pardal esperou o dia amanhecer. Brilhava uma dúvida em sua cabeça: Faria ou não o que a coruja lhe recomendara?

Quando o Sol voltou a luzir nos limites da Terra, foi finalmente vencida pelo cansaço da noite e adormeceu por algum tempo.

Percebia os sons e ruídos que iam se formando à sua volta no dia que amanhecia, mas continuava sonolenta e desatenta do ambiente.

Não atendeu à arara, que a chamara com insistência, nem aos apelos da senhora cracatoa que chamava seus alunos para as aulas de vôo.

Por isso mesmo não ouviu quando as casquinhas dos ovos se romperam e os frágeis filhotes foram saindo da casca, piando desesperadamente em busca do calor da mãe e do alimento.

Eram quatro filhotes depenados e indefesos que começaram a piar sem freios e a mexer-se de forma perigosa, à beira do ninho.

E tanto se mexeram que finalmente um deles se desequilibrou e desapareceu entre a folhagem.

— Acorde, acorde, amiga pardal. Seus três lindos filhotes romperam a casca e esperam pela sua atenção — dizia o amigo colibri, sem parar de girar um só momento em volta do ninho. — Acorde, acorde! Também romperam a casca os filhotes dos beija-flores. Eles querem muito vê-la e contar-lhe as novidades. São lindos seus três filhotes!

Vagarosamente a senhora pardal foi finalmente acordando e uma idéia terrível passou como um raio pela sua cabeça:

— Três, como? Eram quatro, tinha certeza! Por certo a senhora colibri havia esquecido os óculos em casa. Precisava certificar-se!

Abriu os olhinhos lentamente e contou, contou e recontou e realmente, de fato, apenas três avezinhas depenadas enchiam o pequeno ninho. Suspirou angustiada e aflita. Teria a senhora cobra passado por lá e levado seu filhote enquanto ela dormia?

Piou, desesperada, pedindo ajuda e muitos amigos emplumados ofereceram-se para ajudá-la a procurar o desaparecido.

Procuraram palmo a palmo e nada encontraram.

Dona arara já havia até comentado com a senhora periquito que, provavelmente, a pardoca havia fugido da escola e não sabia contar!

Foi então que a senhora pardal escutou um piar abafado vindo das folhagens do chão, bem próximo onde ela havia visto a cobra pela primeira vez.

Desceu desesperada e foi encontrá-lo perfeitamente aquecido no lugar onde ela vira os ovinhos da cobra prontos para chocar. O que acontecia?

Ergueu os olhos para o lado e notou dona cobra olhando tristemente para o vazio do ninho. Lá não havia nem mais um ovinho, apenas seu filho. E dona cobra olhava para ele com ternura e aprovação de mãe. O que aconteceu, então?

Dona pardoca, mesmo temendo a cobra, achegou-se ao local para guiar o pardalzinho ao lugar de onde viera. Ouviu então:

— Deixe que ele fique, por favor — disse a cobra —, só mais um pouquinho. Ele é gracioso e eu me sinto muito só. Dona raposa entrou por trás dos ramos e, num momento em que eu não estava olhando, levou todos os meus ovinhos para serem devorados por ela...

Então dona cobra em nenhum momento havia querido fazer-lhe mal, e ela que perdera tanto tempo julgando e temendo.

A senhora cobra havia apenas subido para observar os jovens amiguinhos emplumados que estavam nascendo. Como fora má em julgar aquela companheira que estava agora necessitando de atenção e carinho.

E assim, de comum acordo com os amigos da floresta, deixou que a cobra alimentasse e cuidasse, por alguns dias ainda, do seu pequeno filhote.

Dona coruja afinal estava com a razão, como sempre!

Observava-os do alto da árvore. E quando finalmente sentiu-se seguro para voar, o pardalzinho alçou o cume da árvore onde se encontrava sua mãe e seus irmãos, acompanhado de perto pelo olhar da cobra que o velava de forma carinhosa.

Novamente a estação mudou e o verão chegou.

O Sol continuou a aquecer os corações amigos.

Feliz do pequeno pardal que privilegiado sentia-se com duas mães. Privilegiado, muito privilegiado...

E lá ficou, até que viu os animais correrem apressados em direção ao lago próximo da clareira.

O Sol aquecera muito a vegetação ressequida e isso trouxera, como conseqüência, o fogo que se alastrara por toda a mata. E aí, então, uma nova história aconteceu!

Lição da História

É necessário que conheçamos bem as necessidades e os sentimentos dos outros amigos do caminho, antes de fazermos qualquer julgamento sobre as atitudes. Afinal, jamais saberemos, se não agirmos com o coração, quais os motivos que os seres têm para agir de determinada forma. Antes de julgar, é necessário conhecer, aceitar e, finalmente, acreditar no melhor dos sentimentos de cada um.

CAPÍTULO 4

De repente, o silêncio invadiu a mata. Nenhum som se ouvia a uma distância de quilômetros.

O ar tornou-se denso e sufocante. Os animais estavam todos em alerta, como se algo muito grave fosse acontecer a seguir e fugisse do seu controle.

A fumaça cada vez mais invadindo o ar e o crepitar do fogo consumindo as folhas secas era cada vez mais forte e mais perto... mais perto.

Repentinamente, como que movidos por um único som, todos os animais começaram a correr, em desabalada carreira, em direção contrária ao fogo. A floresta estava incendiando. O calor era insuportável.

Era preciso atingir a clareira, onde, graças à ausência de árvores e de mato seco, os animais poderiam ter abrigo seguro, pois lá o fogo, senhor da situação, não poderia chegar.

Enquanto alguns se dirigiam para a parte central da floresta, procurando os atalhos entre os espinheiros, mesmo que isso significasse ferir-se nos ramos pontiagudos, outros corriam em sentido lateral, em direção ao lago profundo e de águas claras, onde os animais sedentos costumavam encontrar refúgio e água fresca.

Neste verão escaldante, o lago, apesar de cheio, não era o mesmo de sempre.

A água estava bem abaixo de seu nível normal, mas, mesmo assim, os animais que ali conseguiam chegar sentiam-se acolhidos e saciados.

Dourado percebera o impacto dos animais chegando e detivera-se junto ao amigo sapo para um comentário:

— Algo estranho está se passando na floresta, amigo Croc. Um grande e forte calor está atingindo a todos. Que faremos se decidirem vir para cá?

— Não se preocupe se isto acontecer, amigo Dourado! Afinal, moramos nesta lagoa, mas ela na realidade não é nossa propriedade. Ela pertence a todos os amigos que como nós necessitam de um lugar para ficar. Se ela é nossa casa, podemos certamente dividi-la com aqueles que estão necessitando fugir do incêndio.

Dourado não se contentou com a resposta recebida. Acostumado a ver o lugar como propriedade sua, de seus amigos peixes e do sapo que coaxava todas as noites, fazendo parceria com a coruja, o peixinho retirou-se então para o mais fundo do lago, esperando que chegasse o momento em que toda aquela confusão acabasse e cada qual voltasse para o lugar de onde viera.

De repente ouviu a voz do elefante pedindo ajuda:

— A senhora chuva não atendeu ao apelo da terra e é preciso carregar a água do lago para ajudar a exterminar o fogo.

Dizia o elefante que todos deveriam ajudar, senão pouco se salvaria da floresta.

Dourado achou que tudo aquilo não lhe dizia respeito. Afinal já fizera a sua parte, emprestando a sua casa.

Que mais poderia fazer?!...

— Vamos carregar a água do lago até a floresta, amigos — dizia o elefante. — Os companheiros que atingiram a clareira estão protegidos por enquanto. Mas chegará o momento em que nada mais será possível fazer e eles não mais poderão de lá sair, estarão separados e sem condições de continuar vivendo sem água e alimentação.

Dourado, que tudo ouvia, foi novamente lamentar-se com o sapo verdinho.

— Imagine, amigo Croc, que são uns insatisfeitos. Agora querem invadir a nossa casa e carregar a água do nosso lago. Fale com ele, verdinho. Fale mesmo! É um abuso...É um abuso!

— Dourado, chame todos os peixes seus amigos e vamos ajudá-los a acabar com o fogo. Afinal eles precisam de nós. Depois — finalizou o sapo —, quanto mais rápido isso for feito, mais rápido também voltarão para suas casas.

Dourado pensou então em ajudar, apenas para livrar-se mais rápido dos intrusos. E assim fez!

O sapo Croc sorriu disfarçado e esperou os resultados.

O peixinho enfezado chamou todos os peixes amigos e juntos foram colocando a água em grandes flores do lago, que eram transportadas pelo ar pelas aves maiores e por terra pelos preás, coelhos, lebres, ouriços...

O elefante organizou a ajuda e as horas foram passando...

Dourado afinal foi gostando do que fazia e de tal forma se envolveu que acabou esquecendo que só queria proteger o lago, para entender o quanto naquele momento era preciso união e solidariedade para que a floresta não fosse destruída e os amigos tivessem novamente abrigo seguro.

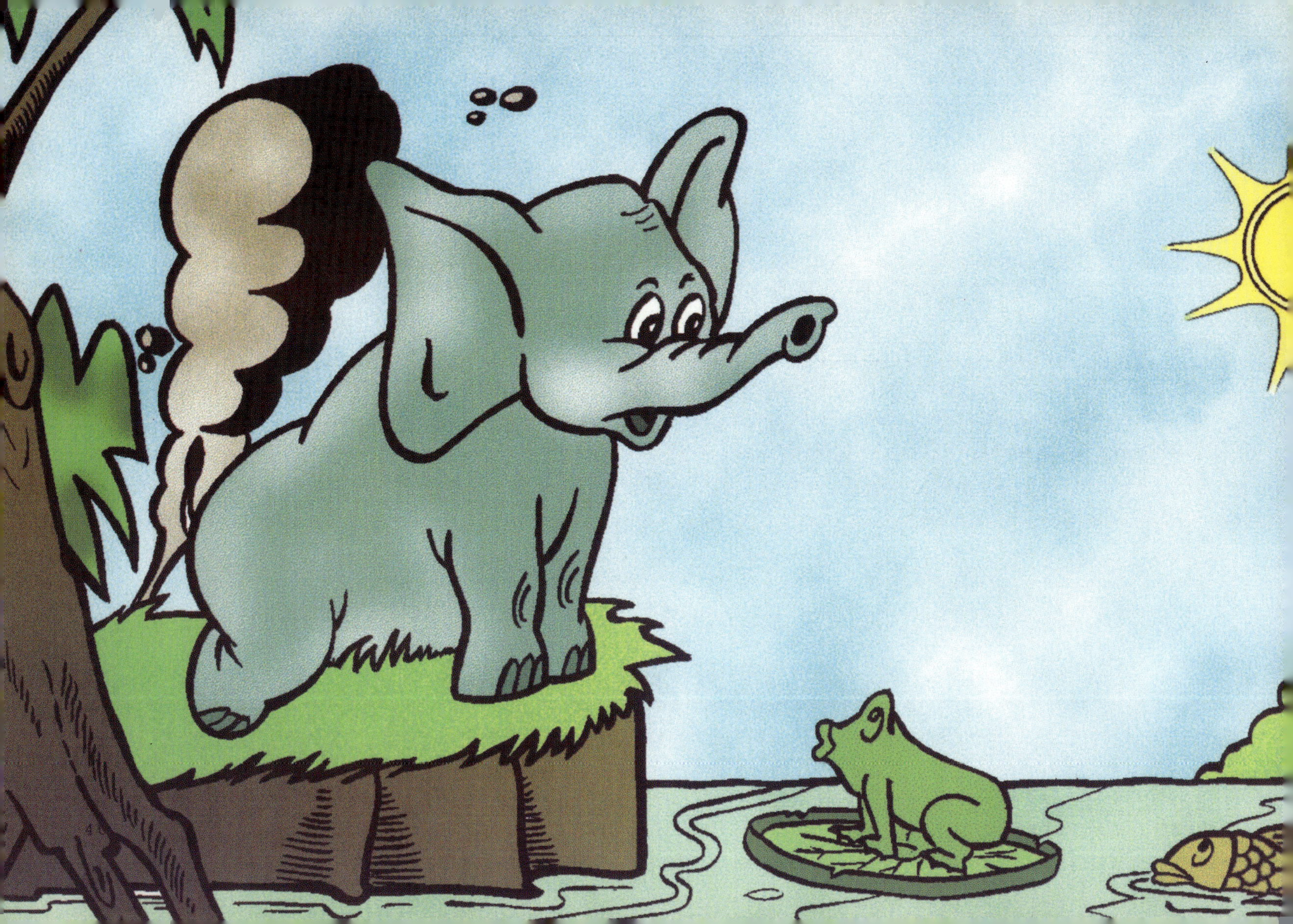

À medida que o fogo ia sendo apagado e a mata ia ficando menos aquecida, ele percebeu que ficara feliz pelos outros companheiros.

E assim, por vários dias, esperaram que o fogo cessasse e a amiga chuva viesse.

O lago foi secando e a água ia se tornando insuficiente para todos.

Dourado deixara de se preocupar com isso. Passara a gostar do que fazia. Sentia-se responsável pelos outros peixes que ajudavam. Afinal, ele os havia incentivado.

Sentia que formavam todos uma grande família, com um mesmo ideal: apagar o fogo, para que a floresta pudesse voltar a ser como antes.

E, numa tarde, quando o desânimo começou a invadir os corações aflitos e o espaço dos peixes e dos sapos não era mais suficiente para que pudessem continuar nadando, o céu tingiu-se de nuvens escuras, um estrondo maior que o fogo varreu a mata e a chuva grossa e generosa invadiu a terra, molhou a mata ressequida e encheu o lago.

A salvação chegara!

E a floresta voltou ao normal e cada qual retornou para seu lar. Os ramos das árvores voltaram timidamente a crescer, as flores a desabrochar e o ar a ficar úmido e macio. Tudo afinal voltara aos seus lugares.

Mas uma modificação acontecera na floresta naquele verão. O lago, o velho e bondoso lago, não era mais o mesmo.

Dentro dele morava agora o peixinho Dourado que sentia prazer em dividir suas águas com todos os amigos que conquistara nas horas de tensão e angústia.

E vamos encontrá-lo comentando com o velho e sempre filósofo sapo verde:

— Compreendo agora o que você há tanto tempo me dizia. O lago não pertence apenas a nós, mas a todos que o procuram. E afinal tudo ficou bem mais animado desde que passei a ver os amigos, que aqui freqüentam, com os olhos do coração.

— Assim será sempre, amigo Dourado, enquanto você acreditar que tudo o que temos e somos não mais nos pertence de forma exclusiva. O certo deverá ser dividir, para que mais amigos participem do espaço concedido!

Lição da História

Precisamos aprender a reconhecer que somos, na Terra, um grande elo dependente de atitudes de outros companheiros que conosco convivem nesta jornada, e que, ao doarmos nossa ajuda com boa vontade, conquistaremos um precioso bem: a paz e a alegria de, cercados de amigos, esperarmos o descanso merecido, pelo trabalho realizado.

O grande ciclo das estações e do tempo, terra, água e ar, completou seu turno na evolução da Terra. O espaço modificou e novas histórias aconteceram.

CAPÍTULO 5

Introdução

As estações do ano se sucediam, num contínuo movimento de tempo e vida. Como a primavera sucedera o inverno, atapetando a terra de seres perfumados, ao verão sucedera o outono, agasalhando com seu calor os minúsculos habitantes do solo e desabrocharam as sementes em grãos, que alimentaram no inverno os que buscavam servir-se do pão, assim também, quando as folhas caíram e o frio chegou, maravilharam-se todos com o branco da neve e o frescor do ar que guarneceu o solo e perpetuou o frio.

E eis que os seres da natureza se uniram, em momentos de contar e revelar histórias que a vivência do espaço lhes transmitiu. E as contaram aos contadores, que recontaram aos jovens que, ao ouvi-las, reconheceram nelas a força das mudanças dos sentimentos e gestos que muito, muito mais tarde, iriam fazer parte da vida dos seres humanos.

Da natureza falamos da água, da terra e do ar. Das estações, de todas lembramos. Falamos do fogo, e ao falar erguemos nossos olhos às nuvens, à espera da chuva. E o que enxergamos?

— Os companheiros do infinito: Sol, Lua e as estrelas. Então, com a palavra, os astros.

O Sol levantou-se, espreguiçando, naquela manhã. Estava feliz!

Saiu levemente detrás da montanha e estendeu seus raios por entre as colinas, cujo verde coloriu-se de luzes e refletiu a beleza das gotículas de orvalho que coalhavam seu tapete macio.

— Acorde, amiga relva — pediu o Sol cantarolando. Sabias do grande baile que haverá hoje no céu? Ah! se pudesses vir até aqui, por certo irias fazer bonito nesse teu vestido cor de esmeralda. Eu não te convidaria para a valsa, pois já tenho a escolhida. Mas dançaria contigo alguma melodia suave.

A relva espreguiçou-se também e espiou o Sol por entre o balouçar das folhas novas:

— Nem me faz diferença, amigo Sol. Não estava eu interessada em ir mesmo. Mas confesso estar, como todos, bastante curiosa para saber qual será a tua escolhida para o grande baile.

— Tens algumas chances. Adivinhe, adivinhe se és capaz! — disse o Sol bem-humorado.

— Hum! Hum! — resmungou a relva —, por certo não seria uma estrela brilhante, dessas que enfeitam o infinito depois que te recolhes. Afinal, elas pouco te conhecem... A amiga nuvem por certo não é também, algumas passaram zangadas com teu procedimento, pois estavam elas todas prosas a construir carrosséis e pôneis de asas brancas, quando tu as fez inchar, escurecer e se transformar em chuva.

— E até que gostei, pois há muito tempo não via o arco-íris e pudemos então ter um bom papinho — retrucou o Sol.

— Estou certa? Estou certa. Afinal, agora não me parece que tenha sobrado alguém a quem interesse dançar contigo no grande baile. Quem sobrou é tão pouco possível que não me atrevo a mencionar. Entretanto... estarias estendendo teus raios para a amiga Lua?

O Sol não respondeu e por alguns minutos escondeu-se atrás da nuvem que formava, justamente naquele momento, uma grande flor no céu. Então, completou a relva:

— Vais ou não vais revelar? Afinal, acertei ou errei?

— Queria muito te revelar o segredo — disse o Sol arriscando um olhar por trás da nuvem de prata. — Embora pareça pouco provável, ando caindo-me de amores pela dona Lua. Temos nos falado muito pouco. Só ao cair da tarde quando me recolho e ela se prepara para aparecer, resplandecendo em raios fulgurantes sobre o mar. É aí que nos dirigimos algumas palavras. Teria eu alguma chance?

— Ora, ora, é só tentar. Embora as diferenças sejam tão gritantes: um é dia, outro é noite, um é calor, outro é frio; um é animação, outro quietude. Mas não custa tentar, não custa — aconselhou a relva toda faceira.

E, incentivado pela relva, naquele entardecer o Sol, timidamente, quando a Lua dançou suavemente estendendo seus raios prateados por entre as ondas do mar, lançou a pergunta que queria, arrebentando de ansiedade seus raios festivos:

— Quer ir comigo ao grande baile no infinito?

Talvez, porque não esperava a pergunta, a resposta demorou, e quando aconteceu foi cheia de reticências, como só a Lua sabe fazer:

— Bem..., como ia dizendo... é que... pois é... Vou pensar!

O Sol não gostou da resposta. Mas que fazer, senão aguardar?

Estava quase certo da resposta. Afinal, quem se negaria a tê-lo como companheiro. Ele! O astro rei?

E a Lua com timidez e voz decidida, mas suave, lhe disse no próximo entardecer:

— Não é possível nos encontrarmos, amigo Sol, pois estaríamos mudando o trajeto tão equilibrado de que a mãe natureza nos dotou. Você incendiaria a noite com teus raios, iluminaria de tal forma a Terra, que o repouso não se faria. A noite não poderia então cobrir com seu manto a amiga natureza e eu não poderia aparecer novamente no horizonte, para espiar os seres e enternecer seus corações. O mundo perderia a poesia e o baile não aconteceria. Escolha você um dos astros brilhantes que te acompanham e deixe que a música inunde o espaço e rodopie na dança eterna. Que tal escolher a Terra? Eu ficarei apenas iluminando o momento.

E assim aconteceu. Embora ressentido, o Sol aceitou a solução e a harmonia continuou a se fazer no Universo.

No rastrear do infinito, o Sol bailou com a Terra e encheu de purpurinas uma estrelinha, que na mistura de seus raios tornou-se fulgurante e aqueceu, com a força do amor, uma pequena manjedoura no meio do deserto.

— O grande baile da vida, amiga D'alva — disse a relva macia —, tem agora outro Rei que, iluminado pela Lua, espia na quietude da noite a mansidão dos tempos.

E o Sol, a Lua e as estrelas se fundiram num único momento de transformação e esperança. E a música do baile divino invadiu as colinas, encheu os prados e embalou a mãe natureza que, cansada de rodopiar na música dos violinos, adormeceu nos braços da saudade.

E os astros foram morar nos poemas e encheram de rimas os versos. E aprenderam a exaltar não só o puro e sublime, mas também a valorizar as intempéries, permitindo inclusive que contassem algumas histórias.

Apareceu então, entre trovões, a senhora tempestade, e pediu para ser ouvida.

Assentou-se com estrondo em uma nuvem, despachou seus raios em muitas direções e diante de uma pequena platéia, é verdade, iniciou a história que reproduzimos aqui.

CAPÍTULO 6

A mãe tempestade sentou-se placidamente no berço de nuvens e se dispôs a contar, à jovem garoa, como sua vida se transformou desde que aceitara a sua condição de estar molhando a terra em horas impróprias, quando o homem não estava de coração aberto para recebê-la.

Afinal, é muito difícil sentir-se menosprezada e pouco desejada entre aqueles que lhe são imediatos.

— Estava eu — começou a tempestade — me preparando para inundar a floresta, quando o senhor relâmpago veio me contar que, ao iluminar uma clareira, havia visto um bebê adormecido ao pé de uma árvore. Como isso aconteceu eu não sabia. Aconteceu de o animalzinho afastar-se de sua caverna e ficar ali, trêmulo de frio e medo, ao pé do velho carvalho. Sentia-me pronta e animada para jorrar, aumentando o rio e assustando a todos. Que fazer? Pedi ao senhor trovão que rugisse bem alto. Pensei que assim ele se assustasse e corresse para um abrigo seguro. Afinal, a caverna não estava tão longe assim.

— E ele voltou para lá? — perguntou a jovem garoa, interessada na história.

— Por certo que não — continuou a senhora tempestade — e eu até aquele dia não estava acostumada a me controlar nem a me importar com os seres da Terra.

Não sabia o que estava acontecendo. Por que estava ficando tão sensível? Não tínhamos muito tempo. Em breve, muito breve, minhas águas encheriam o lugar. Pedi então ao senhor raio que iluminasse a caverna dos ursos e alertasse a mamãe do mocinho perdido.

O senhor raio, que gosta muito de aparecer e que, para me agradar, já que me viu acompanhada, faz qualquer coisa, relampejou e relampejou bem no centro da caverna. Respirei aliviada quando vi que a senhora ursa saiu ligeira do calor do lar e, suplantando o vento forte, recolheu o filhote antes que eu começasse a chover.

— Gostei! Gostei! — aplaudiu a garoa eufórica. E isso foi importante para a senhora?

— A princípio, não percebi quanto minha jovem, afinal, tempestade é tempestade, que fazer? Minha irmã chuva é bem-vinda e os homens vivem pedindo por ela para regar as plantações e aumentar rios e córregos. Mas eu? Que esperança? Sinto-me indesejável. Ai! Ai! Mas ao aprender a controlar minha fúria, sinto-me mais feliz. Hoje, pelo menos, se existo, pois existo, me controlo, isso é certo.

Um barulho forte estralou no infinito e a claridade do dia iluminou o lugar onde a tempestade e a garoa estavam. A jovem piscou os olhos e olhou, um pouco temerosa, quando o raio falou:

— Conte a ela quanto a senhora demorou para se precipitar no mar, há bem pouco tempo, lembra-se?

— Se me lembro, se me lembro, amigo raio! Sabe, foi há bem pouco tempo, minha jovem. Estava eu já prontinha para desabar sobre o mar. Meu amigo vento estava, como agora, levantando as ondas com ruídos tenebrosos, aumentando as vagas e atemorizando os seres. Foi quando vi um pequeno barco que havia perdido os remos e lutava bravamente para vencer as dificuldades e chegar a um lugar seguro.

— Mas não estava em alto-mar, senhora tempestade?

— É verdade, minha menina. Você está muito atenta, hein? Acontece que eu podia enxergar, de onde estava, uma ilha segura, bem próxima, mas o negrume da noite não deixava que ele a visse, nem o vento deixava que ele para lá se dirigisse.

— E então, o que a senhora fez? — perguntou a garoinha curiosa.

— Pedi imediatamente ao senhor raio que iluminasse o mar e ao vento que, abrandando sua fúria, levasse o barco até o pequeno porto onde ele pudesse se sentir em segurança até que eu desabasse e parasse.

— Puxa, e isso foi possível?

— Lógico que sim! O barco, com a luz do raio, divisou a ilha e com uma grande ajuda do vento chegou ao lugar. Cansado e avariado, é verdade. Mas lá ficou enquanto eu me fiz presente, e ao clarear do dia, quando eu já tinha acontecido, avaliou seus ferimentos, cuidou-se e voltou ao mar.

— É mesmo incrível essa sua história. E eu que sempre a julguei com tanta severidade, achando-a desinteressada da sorte dos seres do mundo... Pena que tão poucos conheçam essa sua boa tendência. A platéia de suas histórias é bem pequena.

— Não me importo com o julgamento dos outros, garoa. Sempre que puder, vou fazer de tudo para não prejudicar quem quer que seja.

— É assim que se fala, minha irmã — disse a chuva que acabava de chegar de muito longe. Pediu um pedaço de nuvem à tempestade e sentou-se ao seu lado, estava muito cansada.

— Trabalho árduo, trabalho árduo, minha irmã. Chovi hoje nas plantações e em dois rios, mas mesmo assim estou triste. Tanto me chamaram, tanto me chamaram e eu não consegui chegar.

— Onde foi? — perguntou a tempestade.

— No deserto quente e imenso. Nada pude fazer. Os camelos e os homens estão morrendo a cada minuto. Tentei lá chegar várias vezes, mas a caminhada é longa e o calor muito forte. Por isso, quando lá alcancei, não passava de uma chuvinha e nada pude fazer.

— Ora! Ora! Raio, Trovão, vamos até lá meus amigos? Quem sabe possamos ao menos tentar.

E assim fizeram. A tempestade dissolveu-se pelo caminho, mas graças à sua força e à ajuda do raio e do trovão, conseguiu chover em alguns lugares. E foi assim que nasceram os OÁSIS.

Quando voltou, a chuva e a garoa continuavam no mesmo lugar, esperando os resultados com ansiedade, e ao saberem dos fatos, abraçaram, comovidas, a senhora tempestade, e dançando a dança das nuvens, se prepararam para chover no mundo, cada qual a seu modo.

Afinal, cada um é como é, e, mesmo assim, se dispuseram a ser o melhor entre seus pares. Suplantando as suas dificuldades poderiam, por certo, ser entendidas e, se não amadas, pelo menos respeitadas.

E assim acaba esta história, como começou: a chuva chovendo, a garoa garoando e a tempestade... tempestuosa!

A lição? Ora, a lição está na própria história, só não entendeu quem não quis ou não leu. Foi o que disse a senhora tempestade, antes de dar a palavra ao vendaval que também tinha uma história.

CAPÍTULO 7

A senhora tempestade também sentiu-se à vontade para instalar-se numa nuvem e, ante os olhares atentos, resolveu também contar a sua história.

Pigarreou algumas vezes para chamar a atenção. Elevou sua voz grossa e poderosa. Dando-se ares de grande dama, iniciou assim:

— Pessoalmente não me cabe a história que vou narrar, mas como dela participei de forma tão atuante, me sinto muito responsável pelo que aconteceu.

— Ela se passa no céu? — perguntou uma nuvenzinha que passava, cujo apelido era "Curiosa".

— Não, não é mesmo bem assim. Ela se passa na Terra, na época em que os homens desconheciam o poder e a força da mãe natureza e acreditavam no sobrenatural — e continuou:

— Fora um inverno muito rigoroso o que acontecera naquele ano, e eu pudera participar a cada minuto das atividades de meus irmãos: o vento, o tufão e a geada. Era uma noite escura, e eu batia forte na porta de uma casa incrustada na rocha da praia. Estivera há pouco a brincar com a maré e jogávamos para ver quem emitia os sons mais altos naquela tormenta.

— E quem ganhou? — perguntou novamente a nuvenzinha "Curiosa".

— A disputa era só de brincadeira — continuou a tempestade. Na realidade, estávamos muito ocupados em oferecer à Terra o que tínhamos de pior em barulho e destruição. Foi então que senti o choro sentido e amargo de uma criança que murmurava e soluçava dentro da casa de pedra. Espiei pela janela mal iluminada e lá dentro pude notar que uma menina, fraca e chorosa, era embalada pela mãe.

— Tenho frio e fome — dizia ela —, quero adormecer e não consigo. Tenho medo também. Em breve a vela se apagará e como faremos, minha mãe?

— Teu pai não tarda a voltar, minha pobre Ana Rosa. Em breve, ele, vencendo as dificuldades da noite, aqui estará.

— Sei que ele não conseguirá passar pela ponte — continuou incrédula a menina. Você mesmo disse que ela se rompeu ontem à noite, destruída que foi pelos raios e pela tempestade.

— Mesmo assim, não desanime minha filha. Acredite que ele chegará logo e faremos um caldo quente que nos aquecerá.

— Nós não temos lenha — contrariou novamente a menina. Mesmo que o pai nos traga algo com que fazer o caldo, jamais conseguiremos acender o fogo. E voltou a chorar e a tremer.

A mãe envolveu-a na velha manta e ergueu a mão em desalento:

— Oh! minha pequena Ana Rosa, está trêmula de febre e frio.

— Eu — continuou a tempestade, que até aquele momento estava a divertir-me — fiquei condoída com a situação delas e me pus a bater na janela para oferecer ajuda. Mas parecia que elas não me entendiam e quanto mais eu batia mais assustadas ficavam. Resolvi agir. Era preciso que eu localizasse o pai e o trouxesse de volta para casa. Talvez ele soubesse mesmo o que fazer.

Saí à procura e não tinha andado muito quando o encontrei, desesperado, sentado numa pequena embarcação, próximo à ponte que ruíra. Percebi que estava tentando atravessar de outra forma. Atingiria o mar e dali da praia para sua casa, seria rápido.

A minha aproximação, em vez de ajudá-lo, angustiou-o mais ainda. Quanto, mais me aproximava, mais a embarcação se desgovernava e dificultava a sua passagem para o mar revolto.

Pedi então ajuda ao vento e, juntos, empurramos seu barco em direção ao mar, por baixo da ponte e dali até a praia.

Já amanhecia e, vencendo a minha índole, resolvi só pingar. Foi uma grande dificuldade. Afinal, tempestade que pinga é bem difícil de acreditar!

— E como conseguiu? — perguntou "Curiosa", que desistira de vagar, formando figuras, e se assentara ao lado da tempestade.

— No começo, devo confessar que foi difícil, mas depois acabei por me acostumar e a só desejar que ele socorresse a menina. Afinal, estava me sentindo responsável por toda aquela confusão.

— O pai acelerou os passos quando chegou à praia e logo adentrou a casa — disse a tempestade e continuou:

— Eu, só pingando, fui até a janela e, à luz do amanhecer, pude perceber a criança deitada e a mãe a olhá-la aflita e desanimada.

Vi que conversavam e apontavam ora para o fogão apagado, ora para a criança que ardia em febre.

Vi, também, quando a envolveram em grossa e surrada manta e novamente se dirigiram para a embarcação. Recolhi meus pingos e novamente pedi ajuda ao amigo vento e lá fiquei esperando pelos resultados. Afinal, era melhor não chover sobre a embarcação.

Voltaram todos, ao crepúsculo. O homem trazia consigo uma caixa de mantimentos, remédios e lenha para o fogão.

Enquanto a mulher acendia o fogareiro e cozinhava o caldo, o marido deu os remédios à filha e agasalhou-a com o velho manto, cantando uma suave canção de ninar — concluiu a tempestade emocionada.

— Em vão naquela noite a maré me chamou, fazendo um barulho surdo. Eu queria repousar e participar daquela história..

E assim fiz. Diferente do que me é de hábito, resolvi naquela noite não me pôr a brincadeiras e aguardar diante da janela o desfecho daquela história, da qual participara efetivamente. Voltando à janela, vi quando o pai disse a mãe:

— Os medicamentos já começaram a fazer efeito. A febre baixou. O caldo já ficou pronto?

— Está quase pronto — retrucou a mãe. Agasalhe bem nossa filha e dê a ela novamente as doses certas do remédio.

— O remédio é comigo! Não quero tomá-lo novamente — lamuriou-se Ana Rosa.

— Só mais uma vez — disse o pai —, antes de você tomar o caldo.

E a menina, entre caretas e desejos de "não quero mais", bebeu o remédio e se aqueceu com o caldo que chegou logo.

O marido e a mulher também se deliciaram com a sopa quente e, unidos, esperaram que a criança adormecesse em segurança.

O pai se levantou depois, e disse, olhando pela janela:

— Veja, querida, a tempestade passou e o céu está novamente coalhando-se de estrelas que piscam para nós. Somente pingos grossos molham a janela. Que bom que, sem mesmo saber como, vencemos esse momento difícil e resolvemos nosso problema tão grave! Sabe que me perguntava quando aqui cheguei, como conseguiríamos levar e trazer nossa filhinha da cidade até aqui?

— Puxa, eles não tinham percebido nada mesmo, né dona Tempestade? — tagarelou a nuvenzinha "Curiosa".

— De fato, assim era. Mas eu não fiquei magoada com isso, não. Continuei a pingar na janela por mais algum tempo, até que o vento me chamou e juntos seguimos para outra região, não antes de lançar um último olhar através da janela estreita e sentir a felicidade e o alívio no olhar de todos. E encerrou — Afinal, "tempestade" ou não, eu tinha sentimentos e aprendi que havia necessidade de pô-los em ação quando necessitasse. Vim depois para cá, a tempo de ouvir algumas histórias, e estou realmente lisonjeada que tenham gostado e permanecido para me ouvir.

— Ora, ora — disse o vento. — O certo é que essa não é exatamente a "sua" história e quando nos ligamos aos desequilíbrios dos homens, perde-se o controle da natureza. Eu também teria alguns fatos curiosos para narrar, se assim desejassem, com a participação dos seres humanos. Afinal, muitos fazem parte do grupo de defesa à natureza e nos contam também histórias de sua participação.

A Tempestade levantou-se com um ligeiro estrondo e dispôs-se a partir. Já tinha compromissos.

Assentou-se o vento no seu lugar, na nuvem em forma de banco, e começou a falar.

A nuvenzinha "Curiosa" cochilava no colo de uma grande nuvem em forma de leão e só abriu os olhos para perguntar:

— Quem? Quando? A história já terminou?

Todos sorriram, balançaram a cabeça e tornaram a prestar atenção. E o vento começou a falar de leve, levemente...

Contou o continho que comoveu a platéia e que eu só conto porque afinal eu gosto de contos, principalmente daqueles que ensinam a ajudar o próximo, seja ele qual for, e a trabalhar em defesa dos irmãos da vida e da natureza.

E o vento ventou...